I0215351

Vu et permis d'imprimer la présente Notice sur le Calvaire d'Arras.

Arras, le 12 mai 1860.

Pour Monseigneur l'Evêque d'Arras, de Boulogne
et de Saint-Omer,

B. DES BILLIERS,
VIC. GÉN.

PROPRIÉTÉ DE L'ÉDITEUR.

NOTICE
SUR
LE CALVAIRE
D'ARRAS.

L'an 1677, sous l'épiscopat de Gui de Sève de Rochechouart, les Pères Capucins donnèrent dans la ville d'Arras une mission, à la suite de laquelle ils élevèrent un Calvaire sur le rempart, au-dessus de la porte qui séparait alors la ville de la Cité. Le prélat bénit lui-même la croix, puis on la porta processionnellement avec le Christ à l'endroit préparé pour la recevoir. Ce pieux monument, qui dominait si majestueusement la ville, devint dès lors l'objet de la vénération publique; la plupart de ceux qui passaient par cette porte se faisant un devoir d'y aller prier.

Cette croix subsista jusqu'en 1738. Etant alors tombée de vétusté, le célèbre Père Duplessis, de la Compagnie de Jésus, la fit rétablir. Voici dans quelles circonstances : Depuis quelque temps, les Pères Jésuites, qui dirigeaient alors le collége d'Arras, avaient coutume, chaque année, de donner en Carême une retraite ou mission dans leur église, aux troupes de la garnison, pour les préparer à la communion pascale. En 1738, cette mission fut visiblement favorisée de Dieu.

Voulant témoigner à l'Auteur de tout don parfait sa grande reconnaissance pour les grâces répandues sur son ministère, le Père Duplessis, qui avait dirigé cette mission, résolut de rétablir le Calvaire de la porte de Cité. Aidé des soldats du régiment de Marsan et de plusieurs habitants d'Arras, il se mit à l'œuvre. Le magistrat donna l'arbre de la croix; une personne charitable acheta le Christ, lequel, au dire de ceux qui l'ont vu, était un chef-d'œuvre de sculpture, et le directeur général des fortifications, M. de la Veyrie, fit faire l'escalier, du rez-de-chaussée jusqu'au haut du Calvaire.

Le 18 mars, qui cette année était le lundi de la quatrième semaine de Carême, M. Boisot, chanoine de la cathédrale, vicaire-général et grand archidiacre d'Arras, fit la bénédiction de la Croix et du Christ dans l'église des Jésuites. Il y avait tant de monde qu'il dut la faire du haut de la chaire. Après la bénédiction, il s'approcha de la Croix, suivi du Père Duplessis et de plusieurs clercs, pour adorer ce signe de notre rédemption. Le lendemain 19 mars, jour de Saint-Joseph, la Croix demeura exposée dans la même église, à la vénération des fidèles qui ne cessèrent, de toute la journée, de venir, en grand nombre, lui rendre leurs hommages.

Marie-Isabelle Legrand, fruitière, âgée de 40 ans, demeurant sur la Petite-Place, vint aussi honorer l'instrument de notre salut. Cette fille avait la hanche gauche démise et plusieurs vertèbres mouvantes dérangées, par suite d'une chute qu'elle avait faite le 28 décembre 1734, sur les degrés d'une cave qu'elle habitait.

Conduite à Bapaume, auprès d'Etienne Fernet et Simon, son fils, tous deux ostéologistes de cette ville, il lui fut déclaré que son mal ne pouvait être guéri par la main des hommes. Elle avait de plus au genou gauche un mal qu'elle fit voir à cinq chirurgiens et à un pharmacien [1] d'Arras, lesquels déposèrent

---

[1] Les sieurs Guerio, Hasard, Dumas, Chabot, Deville et Hatté.

unanimement qu'ils ne connaissaient point de remède humain à cette infirmité.

Depuis sa chute, on fut obligé de la soutenir par-dessous les bras pour l'aider à marcher; ensuite elle marcha avec un bâton, ayant le corps extrêmement courbé et penché du côté gauche. Quelque temps après, elle dut se servir d'une béquille avec son bâton, puis enfin de deux béquilles.

Ces faits ont été attestés par cinquante-un témoins (1) entendus dans l'information.

Pressée intérieurement, le 19 mars, d'aller à l'église des Jésuites pour y vénérer la croix nouvellement bénie, Marie-Isabelle Legrand se leva avec beaucoup de peine de la chaise où elle était assise sur le marché et se mit en chemin sur les deux heures et un quart de l'après-midi, marchant péniblement avec ses deux béquilles. Sa sœur Marie-Michelle Legrand, la rencontra vis-à-vis le grand portail de l'église de St.-Géry (2) et voulut l'engager à retourner. N'ayant pu l'obtenir, elle l'accompagna, de peur qu'il ne lui arrivât quelque accident. Isabelle fut obligée de se reposer pendant quelque temps un peu plus bas que la rue Héronval, à la porte du sieur Delattre, avocat, greffier criminel de l'hôtel-de-ville d'Arras. Sa sœur l'aida tant à s'asseoir qu'à se lever. Après avoir fait quatre à cinq pas très-lentement et avec grand'peine, elle s'arrêta un peu de temps avant de franchir le ruisseau de la rue, qu'elle passa ensuite aidée de sa sœur.

(1) Liste des témoins dont les noms ont été conservés : Anne-Joseph Martin, Jean Barot, Thomas, Legros, de Bailleul, J.-F. Gabville, Pierre-Philippe Dioz, Isabelle Lenoir, Michelle Legrand, J. Lallemant, Marie-Françoise Lenoir, Ponce Chabot, Catherine-Elisabeth Bouet, Marie-Françoise Bouet, Agnès de Ligni, Vast-François Moureau, Adrien Joseph, les demoiselles De Paris et Pauchet, Antoine Griffon, Marie-Thérèse Morel, M. Dominique Begon, Jacques Gambier, Marie-Ursule Guilbert, Anne-Françoise Dehée, Madame de la Tour de Milien, Isabelle de Vauchelle, M. V. Guilbert, Jacqueline Gambier, M. Despalungue, aide-major de la place, les sieurs Falempin, Lefebvre, Houlier, Husson, Corroyer, Couppé, Duchâtelet, Hélène Minart, Guislain Courtois, Camus.

(2) Cette église, située sur la petite place Saint-Géry, fut détruite à l'époque de la Révolution.

Comme elle était sur le point d'entrer dans la petite rue des Jésuites, une femme la prévint que la porte de l'église était fermée ; à quoi celle-ci répondit: « Quand je devrais attendre quatre heures, cela ne m'embarrasserait pas. » — « Allez, votre foi est grande, ajouta la même personne, Dieu vous guérira. » Et Marie-Isabelle Legrand répondit aussitôt : « Je l'espère. »

Arrivée aux degrés de l'église, elle ne put les monter qu'avec peine, quoique aidée de ses deux béquilles et de sa sœur qui la soutenait. Animée d'une foi vive, d'une confiance extraordinaire et d'une ferme espérance d'obtenir sa guérison, elle fit sa prière à Dieu. Ensuite elle alla s'asseoir, aidée par sa sœur, sur une chaise placée contre une colonne de l'aîle gauche. Là elle se mit à prier et à dire son chapelet, jetant de temps en temps les yeux sur la croix et sur le crucifix, versant des larmes et faisant des actes de contrition.

A trois heures et demie environ, elle appela sa sœur pour l'aider à se lever de sa chaise et pour la conduire à la croix exposée dans l'église. Elle s'en approcha au moyen de ses béquilles, et baisa avec beaucoup de dévotion et en pleurant les pieds du crucifix. Mme de la Tour de Milien, femme du second aide-major de la place, aussi bien que Marie-Isabelle de Vauchelle, voyant la peine extrême qu'avait cette infortunée à satisfaire sa dévotion, en furent touchées jusqu'aux larmes.

Sa sœur lui faisant la proposition de retourner chez elle, celle-ci lui demanda de la laisser encore quelque temps dans l'église pour prier Dieu. Marie-Michelle y consentit et la conduisit du côté gauche de l'église, l'aida de nouveau à s'asseoir entre deux confessionnaux en la soutenant par le bras.

La foi, la ferveur, la confiance de Marie-Isabelle augmenta à ce moment; elle continua de demander à Dieu la guérison de son âme et de son corps; puis on l'entendit dire à sa sœur : « Mon Dieu ! je sens tous mes os et mes nerfs qui se retirent et mon sang qui se trouble dans mes veines, tout mon corps se disloque. » A l'instant, il se fit en elle une révolution extraordinaire; les os de la hanche se remirent dans leur état naturel, les nerfs s'étendirent, la jambe gauche s'allongea.

Tout-à-coup, elle se leva seule, sans béquilles, sans l'assistance de personne et sans peine. Tout hors d'elle-même, elle se tint debout sur ses deux jambes, étant extrêmement agitée et troublée. Tremblant de tous ses membres, tout en sueur et en larmes, le visage enflammé, les yeux troublés et égarés lui sortant de la tête, elle alla, toute seule, sans être aidée ni soutenue de personne, baiser les pieds du crucifix.

Depuis ce moment, elle ne se servit plus de béquilles pour marcher. Elle les laissa dans l'église. Puis elle fit plusieurs fois le tour de la Croix, baisant à chaque tour les pieds du Christ. Enfin, baisant une dernière fois les pieds de son Rédempteur, tout son corps fut parfaitement raffermi et aussi droit que si elle n'avait jamais éprouvé d'accident.

Deux fois, elle se prosterna aux pieds du maître-autel pour remercier Dieu de sa guérison : on la vit se mettre à genoux, chaque fois se relever seule, sans secours étranger. Elle s'assit ensuite toute seule avec facilité sur une chaise qu'un Père Jésuite lui fit donner et se leva de même.

Elle sortit de l'église d'un pas ferme et assuré, en descendit les degrés et revint chez elle, descendit dans sa cave, marchant seule, sans aide ni soutien.

Sur les cinq heures du même jour, elle retourna aux Jésuites et en revint avec facilité.

Le lendemain 20, Marie-Isabelle accompagna la procession qui se fit pour porter solennellement la Croix nouvellement bénie, de l'église des Jésuites jusqu'au calvaire préparé au-dessus de la porte de Cité où elle fut plantée le même jour.

Ce fut un spectacle bien édifiant et bien touchant

pour toute la population de la ville d'Arras qui assista à cette pieuse cérémonie.

Un jury médical commis pour examiner l'état de ladite Marie-Isabelle, déclara que son corps et sa jambe étaient aussi sains que si elle n'avait jamais été malade. (Extrait du Mandement de Mgr de la Salle, en date du 26 avril 1738.)

Après avoir pris l'avis de la Sorbonne, Mgr de Baglion de la Salle publia un mandement, le 26 avril 1738, par lequel il juge que la guérison arrivée dans l'église des RR. PP. Jésuites de la ville d'Arras, le 19 mars, en la personne de Marie-Isabelle Legrand, est extraordinaire, surnaturelle et miraculeuse.

En outre, le prélat ordonne de solennelles actions de grâces pour le 3 mai, jour de l'Invention de la Sainte-Croix, et accorde 40 jours d'indulgences aux personnes qui réciteront aux pieds de la Croix cinq *Pater* et cinq *Ave* tous les vendredis de l'année. Et afin que la mémoire d'un si grand bienfait se conservât à perpétuité, il permit d'attacher à la Croix plantée sur le calvaire les deux béquilles de ladite Legrand. En exécution de ce Mandement, le 2 mai suivant, le chapitre fit sonner toutes les cloches de l'église cathédrale, à sept heures du soir. Le lendemain, samedi, qui était un jour de fête chômée dans le diocèse, le magistrat fit sonner la cloche Joyeuse à six heures du matin, à dix heures et à midi. Sur les trois heures, le clergé de la Cathédrale, suivi de l'évêque en rochet et camail, sortit de l'église Notre-Dame et se rendit processionnellement à celle des Jésuites. Marie-Isabelle Legrand suivait le prélat, tenant un cierge à la main. Elle était entourée d'un grand concours de peuple, tant de la ville que de la campagne. Après le sermon, l'évêque entonna le *Te Deum* qui fut chanté par la musique de la cathédrale, accompagnée des trompettes et timbales de la gendarmerie. Ensuite la procession se dirigea dans le même ordre vers le calvaire; elle passa par la rue Saint-Aubert et monta le rempart vers le pont des Casernes ou la Tour du

Claquedent. Au calvaire, on chanta l'hymne *Vexilla Regis;* puis la procession retourna à Notre-Dame par l'union des deux remparts de la ville et de la cité. Le dimanche 4 du mois de mai, toutes les paroisses de la ville chantèrent un *Te Deum* en actions de grâces. Comme Marie-Isabelle était de la paroisse de Saint-Géry, le *Te Deum* y fut chanté par la musique de la cathédrale accompagnée de trompettes et de timbales, après lequel le clergé et le peuple allèrent en procession au calvaire. Ladite Legrand suivait le curé, tenant un cierge à la main.

LISTE DES PAROISSES

QUI ONT SUIVI CET EXEMPLE D'ÉDIFICATION EN ALLANT PROCESSIONNELLEMENT AU CALVAIRE PLANTÉ AU-DESSUS DE LA PORTE DE LA CITÉ.

LE 4 MAI.
St-Géry, paroisse de la ville.
Ste-Catherine-en-Méaulens.
St-Nicolas-en-Méaulens.

LE 9 MAI.
St-Etienne, paroisse de la ville (1).
St-Maurice, paroisse de la ville (2).

LE 11 MAI.
La Chapelette-au-Jardin, paroisse de la ville (3).
St-Nicaise, paroisse de la ville (4).

LE 12 MAI.
St-Jean-en-Ronville, paroisse de la ville (5).

LE 13 MAI.
St-Aubert, paroisse de la ville (6).

(1) Située place de ce nom.
(2) Située au coin de la rue du Bloc et de Saint-Maurice.
(3) Rue de la Fourche. Il n'en reste plus de vestiges.
(4) Située près du marché aux moutons, ancien cimetière de Saint-Nicaise. On en a conservé quelques ruines.
(5) Située au coin de la petite rue Saint-Jean.
(6) L'église était située au coin de la rue des Gauguiers et de Saint-Aubert.

LE 14 MAI.
Ste-Croix, paroisse de la ville (1).
LE 15 MAI.
Les Carmes chaussés de la rue St-Jean-en-Ronville (2).
LE 16 MAI.
Achicourt.
Agny.
LE 18 MAI.
La Madeleine, paroisse de la ville (3).
St-Nicolas-sur-les-Fossés (4).
LE 23 MAI.
MM. de l'abbaye de Saint-Vaast et les Pères Capucins.
LE 26 MAI.
Les Frères Prêcheurs ou Dominicains (5).
LE 27 MAI.
Habarcq.
Bouvignies.
Carency.
Guémappes.
Wancourt.
Ecuries.
Roclincourt.
Tilloy-Beaurains.
Teluch.
St-Sauveur.
St-Martin-sur-Cojeul.
LE 29 MAI.
Les Trinitaires (6).
LE 6 JUIN.
Mont-St-Eloy.
Villers-au-Bois.
Escoivres.
Annez.
LE 7 JUIN.
Duisans.
Estrun.
Marœuil.
Monchy-le-Breton.
St-Aubin.
Acq-Louez.
Caucourt.
Rivière.
LE 15 JUIN.
La ville de Lens.
Bavincourt.
Gouy-en-Artois.
Barly et Fosseux.
Estrées-sous-Bellonne.
Fossez-lez-Arras (7).
Wanquetin.
Neuville-St-Vaast.
Montenescourt.
Gouves.
Simencourt.

(1) Située sur la place de ce nom.
(2) Une partie du couvent des Carmes est actuellement occupée par les dames Ursulines.
(3) Située sur la place de ce nom.
(4) Aujourd'hui Saint-Jean-Baptiste.
(5) Aujourd'hui la prison.
(6) Aujourd'hui les dames du Saint-Sacrement.
(7) Inconnu.

Monchy-Lepreux.
Bailleulmont.
Lières.
Beaumetz-lez-Loges.
Dainville.
Berneville-St-Vaast.
Bailleulval.
Noyelle-Vion.
Basseux.
Warlus.
Leuette-Lorgies.
Liévin.
Loos.
Huine (1).
Noyelles-sous-Lens.
LE 16 JUIN.
Salleau.
Betencourt.
Villers-Brulin.
Bethonsart.
Aubigny-le-Roi.
Mingoval.
Agnières.
Villers-Chatel.
Berles-Monchel, en partie.
Berlette, en partie.
Savy.
Sauchy-Cauchy.
Cambligneul.
LE 24 JUIN.
Boyeffles.
Camblin-l'Abbé.
Bully-en-Gohelle.
Grenai.
Haines.
Acq-Hermaville.

Givenchy-en-Gohelle.
Tillloy-lez-Hermaville.
Hauteville.
Manin.
Souchez.
Beauffort-lez-Avesnes.
Tencquette.
Angres.
Noyelles-en-Ternois.
Isel-les-Avesnes.
Hamblain-lez-Prés.
Averdoingt.·
Humermont (2).
LE 25 JUIN.
Ambrines-en-St-Pol.
Givenchy-le-Noble.
Willerval.
Gavrelle.
Lignereuil.
LE 26 JUIN.
Magnicourt-en-Comté.
Frévillers.
Houvelin.
Recourt.
LE 27 JUIN.
Villers-St-Simon.
Penin.
Hermin.
Frémicourt.
Estrées-Cauchie.
Ranchicourt.
Gauchin-Legal.
Villes-Siremont.
Rebreuve.
Houdain.
Hendecourt-en-Artois.

(1) Inconnu.
(2) Inconnu.

LE 29 JUIN.
Frévin-Capelle.
Haut-Avesnes.
LE 1er JUILLET.
Vis-en-Artois.
LE 2 JUILLET.
Eaucourt.
Remy.
Les deux Vimy-en-Gohelle
LE 4 JUILLET.
Boiry-Ste-Rictrude.
Boisleux-au-Mont.
Mercatel.
Boiry-Becquerel.
Hénin-sur-Cojeul.
Croisille.
Erviliers.
Escoust-St-Mein.
Hersin.
Bailleul-sire-Bertoult.
Arleux-en-Gohelle.
Fresnoy.
Boieffle-Bois-Bernard.
LE 6 JUILLET.
Harnes.
Blairville.
Fouquières-les-Lens.
LE 8 JUILLET.
Fampoux.
Prouvain-Bauwin.
Villers-Plouich.
Rœux.
Feuchy.
Athies.
St-Laurent.
Avesnes-le-Comte.
Lattre.
Cantin-Capy.
Lucheux.

Humbercourt.
Coullemont.
Couturelle.
Sauty.
Grévillers-lez-Bapaume.
Biache-St-Vaast.
LE 9 JUILLET.
Achiet-le-Grand.
LE 10 JUILLET.
Wendin-Weppes.
LE 11 JUILLET.
Hennecourt.
Fontaine-lez-Heuchin.
Sombrin.
Sauty.
Warluzel.
Sus-St-Leger.
Riencourt-lez-Bapaume.
Blavincourt.
Bijoscourt
Draucourt.
Rouvroy.
Méricourt.
Guemicourt-lez-Hermies
ou Demicourt.
Riencourt-en-Artois.
Cérisy.
Neuvireuil.
Oignies.
Avion.
Annequin.
Grincourt.
Grand-Rocourt.
LE 13 JUILLET.
Opy.
Ficheux.
Hennecordel.
Adinfer.
Ransart.

Douchy.
Ayette.

LE 14 JUILLET,
jour de St-Bonaventure,

Les RR. PP. Récollets,

Pour la deuxième fois, au nom de toute la province de St-Antoine-en-Artois.

LE 16 JUILLET.

Monchy-au-Bois.
Bienvillers-au-Bois.
Hanescamps.
Gommecourt.
Sailly-au-Bois.
Hébuterne.
Bayencourt ou peut-être Baillescourt.

LE 17 JUILLET.

Boiry-St-Martin.
Gouy-Servin.
Achiet-le-Petit.
St-Amand-lez-Souastre.
Hulluch.
St-Leger.
Brebières.
Corbehem.
Lambres.

La procession de Lambres fut une des plus solennelles. Elle était précédée des timbales, trompettes, hautbois, et embellie par la présence de trois à quatre cents enfants de la ville, SUPÉRIEUREMENT habillés.

Une femme guérie de paralysie par la vertu de la Croix, suivait la procession, tenant un cierge en main, comme avait fait Isabelle Legrand.

LE 20, DIMANCHE.

Il entra par la porte Ronville, depuis cinq heures du matin, plus de mille personnes, tous habitants de Picardie et d'Artois qui allaient au Calvaire. Cette foule était suivie des processions de

Bucquoy,
Ablinzevelle,
et Souastre.

Elles étaient si nombreuses et marchaient avec tant d'ordre qu'à huit heures du matin, il n'y avait point encore de vide dans les rues depuis la porte Ronville jusqu'au Calvaire.

A dix heures et demie, une autre procession précédée de trompettes, de tambours, d'archers, parut dans les mêmes rues. C'étaient les habitants de

Puisieux-au-Mont.
Lezbœuf.
Gouzaucourt.
Levaque.
Ligny.
Gouy-sous-Bellonne.
Férin.
Arleux-en-Paluez.
Bugnicourt.

Pendant ce temps arrivaient par la porte Méaulens, les villages de

Planque.
Lauwin.
Quinchy.

tandis que d'autres entraient par la porte d'Amiens. On a compté que ce jour-là, il y avait plus de 15,000 étrangers dans la ville d'Arras. Plusieurs de ces processions avaient à leur tête des enfants habillés en anges.

LE 25 JUILLET.

La congrégation des hommes, au nombre de 700, établie aux Jésuites Wallons à Douai, vint faire ses dévotions au Calvaire. Elle fut reçue à la porte Ronville par la congrégation d'Arras.

Boyelles.
Martinpuich.
Courcelettes.

— 14 —

Hamelincourt.
Violaines.
Mory.
Beugnâtre.
Bullucourt.
Boiry-Notre-Dame.
Boiry-Saint-Martin.
Eterpignies.
Pys.
Warlncourt-lez-Pas.
Irles.
Trannoy.

LE 27 JUILLET.

Estrée-sous-Bellonne.
pour la deuxième fois.
Sapignies.

LE 1er AOUT.

Saint-Aubert.
pour la deuxième fois.
Courcelles le-Comte.

LE 3 AOUT.

Wailly.
Sailly-en-Ostrevent.
Bellonne-Bersée.
Noyelle-sous-Bellonne.

LE 15 AOUT.

Les pèlerins de Saint-Jacques d'Amiens. Ils amenèrent un aveugle qui, dit-on, recouvra la vue par la vertu de la Croix du Sauveur.

Dans le cours du même mois, il partait plusieurs fois la semaine des voitures de Péronne pour amener au Calvaire des personnes de cette ville et des environs. Une grande partie des villages du Santerre y vinrent en procession. Plusieurs ont fait ériger des Calvaires ou planter de grandes Croix en mémoire de celle d'Arras (1).

LE 31 AOUT.

Pommiers.

LE 19 SEPTEMBRE.

Humbercamp.

L'auteur du *Supplément aux Nouvelles ecclésiastiques* dit que le concours était très-grand au Calvaire, et au delà de ce que l'on peut imaginer. On y est venu en foule de Picardie, du Cambrésis, du Lannois, de la Flandre française et des Pays-Bas autrichiens, malgré les mauvais chemins et l'incommodité de l'hiver. Le même auteur ajoute : « La sainte Vierge a dans Arras bien des serviteurs zélés, et c'est peut-être à cette dé-

---

(1) Dès l'année 1743, il y avait peu de villages dans le diocèse d'Arras et sur les limites où l'on ne vit des calvaires très-bien ornés, les uns aux extrémités de la paroisse, les autres sur les chemins.

Partout ils avaient été plantés par un zèle commun entre les pasteurs, les Seigneurs et les habitants qui fournissaient mutuellement aux frais et à la construction. L'évêque et ses vicaires généraux favorisaient cette dévotion. C'était un spectacle édifiant de voir un grand nombre de fidèles aller visiter les dimanches et fêtes le calvaire et y faire leurs prières.

votion pour la Mère de Dieu, que le pays doit de n'être pas infecté de jansénisme. »

Au mois de novembre, on commença à fermer le Calvaire d'une muraille et à l'orner d'autres embellissements. Les mauvais temps firent cesser les processions de la campagne; mais le peuple de la ville et des environs ne cessa pas d'y venir faire des prières.

A la fin de février suivant, les soldats du régiment du Roi et d'autres ouvriers continuèrent les travaux. On pratiqua deux chemins pour parvenir au sommet du monument : l'un du côté des grandes casernes, près la tour du Claquedent, l'autre du côté de l'Union (1). Pour rendre ces avenues plus belles, l'on abattit les parapets du rempart, du côté de la cité, et tous les arbres auxquels on substitua des tilleuls. La porte sur laquelle s'élevait le Calvaire était de même architecture que la porte des Malades, à Lille. Elle consistait en un cintre orné de sculptures, soutenues de quatre colonnes. Au frontispice était écrit ce texte de l'Ecriture : *Clamavi ad te et sanasti me*, qui convenait fort bien à Isabelle Legrand, guérie par la vertu de la croix. Le haut était décoré de plusieurs ornements d'architecture.

Afin de perpétuer la mémoire de ce miracle, voici l'inscription que l'on plaça dans l'église des Jésuites, vis-à-vis la chaire : *L'an de grâce 1738, Marie-Isabelle Legrand, qui avait depuis près de trois ans la jambe gauche pliée par un rétrécissement de nerfs et entièrement desséchée, fut guérie miraculeusement dans cette église, en faisant sa prière au pied de la Croix qui y fut bénite à la fin d'une mission donnée aux troupes par le Père Du Plessis, Jésuite. Cette guérison fut d'autant plus éclatante que la jambe, qui*

---

(1) L'Union était une élévation de terre entre la ville et la cité, sur le Crinchon, revêtue de murailles avec un parapet du côté de la porte Méaulens et des écluses dessous pour retenir ou faire couler les eaux. Elle fut commencée en 1531, continuée en 1541, et achevée en 1579. Cette année, le chapitre offrit mille livres pour cet ouvrage ; en 1724, l'Union fut élargie et un peu baissée (Mém du père Ignace, tome VI, page 863).

était décharnée, devint en un instant aussi saine et aussi flexible que l'autre. Le jour suivant, la Croix fut portée solennellement sur le rempart, où elle fut exposée à la vénération publique. Monseigneur François de Baglion de la Salle, évêque d'Arras, après avoir vérifié ce miracle, donna en affirmation un Mandement daté du 26 avril 1738.

Le Calvaire étant situé sur la paroisse de Saint-Nicolas-en-Lattre (1), une confrérie de la Croix y fut établie et autorisée par une bulle du pape Clément XII. Le 1ᵉʳ mars 1739 on fit, en cérémonie, la lecture de cet acte pontifical, et le 3 du même mois, jour de l'Invention de la Sainte-Croix, le clergé et le peuple se rendirent en procession au Calvaire en mémoire de cette pieuse institution.

Environ 30 ans plus tard, la porte de Cité tomba en ruine, et l'administration d'alors, voulant effacer les anciennes limites qui séparaient la cité de la ville, on résolut la destruction de ce monument. Il fallut en conséquence placer ailleurs le Calvaire. On choisit à cet effet la place de la Basse-Ville, sur laquelle on fit construire une chapelle. Elle fut bénie le samedi 26 mai 1770, par M. Leroux, archidiacre, qui y célébra la messe, en présence du magistrat. La cloche fut pareillement bénie le même jour, et messire Charles-Alexandre de Beauffort, marquis de Beauffort, ancien député du corps de la noblesse des Etats d'Artois, mayeur en exercice de la ville et cité d'Arras, fut parrain, et Mᵐᵉ Marie-Françoise-Mélanie de Lejosne-Contay, épouse de messire Guislain Boucquel, chevalier, seigneur de la Comté, premier échevin, gentilhomme, fut marraine. Le lendemain, dimanche 27 mai, la Croix miraculeuse fut portée à la chapelle par les membres de la confrérie du Calvaire, instituée à Saint-Nicolas-en-Lattre. Mgʳ de Conzié assista à cette cérémonie, ainsi que MM. du chapitre et tous les

---

(1) On voit encore les murs de cette église qui était située à côté de l'ancienne cathédrale.

séminaristes et clercs tonsurés. Le magistrat se fit aussi un devoir d'y prendre part, et le cortége fut accompagné de trois cents hommes du régiment de Valdeners, suisse, en garnison à Arras. (Archives de la ville d'Arras.)

En 1791, les prêtres jureurs ou assermentés, firent transporter la croix par des laïques, de la chapelle de la Basse-Ville dans l'ancienne cathédrale, où elle reçut encore les hommages des fidèles. L'un des prêtres qui avait assisté à cette translation, disait d'un ton ironique : « On assurait que le Calvaire faisait des miracles ; cela n'est pas croyable, car il a quitté sa chapelle sans difficulté, et il est venu bien tranquillement avec nous à la cathédrale. » Mais on ne se moque pas de Dieu en vain, sa justice finit toujours par éclater.

L'an VI de la République, le 29 prairial, cette Croix se trouvait encore dans la cathédrale. Un inventaire estimatif daté de ce jour en fait mention ainsi qu'il suit :

« 16° Une grande croix de bois, son christ, deux troncs, quatre christs de cuivre, son pied de marbre et les marbres qui entourent ladite croix, soixante francs, ci. . . . . 60 fr. »

En 1799, on la descendit dans la crypte de Saint-André, située sous le chœur ; et dans les premiers jours de février, les révolutionnaires, anciens terroristes, au nombre de treize, résolurent de détruire pour toujours, de brûler cette Croix objet de la vénération des peuples. A peine avaient-ils commencé cette œuvre de destruction, que le ciel, qui pendant toute la journée avait été calme et serein et ne faisait en rien présager ce qui allait arriver, se couvre tout-à-coup d'épais nuages ; l'air se trouble et s'agite ; quelques coups de tonnerre se font entendre. D'abord on ne se rend pas bien compte de ce bruit étrange : on croit que c'est une détonation de quelque pièce d'artillerie, ou bien le mouvement d'une voiture pesamment chargée. On ouvre la fenêtre pour mieux entendre ; on se met sur le seuil de la porte pour mieux voir. Oh surprise ! voilà que des éclairs effrayants sillonnent les ténèbres.

— 18 —

C'est un orage qui s'annonce par les plus terribles préludes. Le vent souffle avec violence et semble amonceler au-dessus de la cité les carreaux de la justice divine. Des toits sont enlevés, des cheminées s'écroulent, les rues sont jonchées de décombres; le sol même paraît s'ébranler et faire croire à un tremblement de terre. « Si nous avions su, disent les contemporains de cet événement, quel crime se commettait en ce moment, nous serions morts de frayeur dans la persuasion que Dieu allait venger, par quelque grande catastrophe, l'outrage fait à l'image de son Fils. » Cependant, le ciel devient encore plus menaçant; les éclairs se succèdent sans interruption et les coups de tonnerre redoublent et deviennent toujours plus forts et plus épouvantables. Tout paraît embrâsé; on se croit à la fin du monde. Mais voici qu'un coup de tonnerre éclate avec une force si extraordinaire, que non-seulement la ville, mais toute la contrée en est ébranlée. La commotion est telle, qu'à trois lieues de distance les populations sont frappées de stupeur; il en est qui tombent par terre et s'attendent à voir leur habitation s'écrouler.

Les brûleurs de la Croix, quoique à dix pieds sous terre, entendent le terrible coup de tonnerre. Ils en sont tellement effrayés qu'ils sortent en toute hâte de la chapelle souterraine et s'avouent coupables. L'un d'eux, reconnaissant dans cet ébranlement général le doigt de Dieu, déclare « que de sa vie il n'a jamais eu si peur. »

Quelques-uns de leurs agens subalternes qui n'ont pas entièrement perdu la foi, vont au plus fort de l'orage et sous le poids d'une terreur indicible, frapper à la porte de plusieurs maisons du Cloître pour demander de l'eau bénite. N'en trouvant point, ils courent jusqu'à la rue d'Amiens, chez M. L., ancien bailly de Bihucourt, qui ne peut leur en donner. Enfin, ils ont recours à un nommé M. Maniez, qui leur en distribue.

Un ancien magistrat, à qui l'on s'adresse toujours

avec bonheur quand on veut obtenir des renseignements sur l'histoire de la ville, nous a donné par écrit la date précise de cet orage. Il eut lieu le 23 pluviose, an VII (11 février 1799), et c'est à cinq heures et demie du soir que retentit le coup de tonnerre qui fit trembler la ville et le pays.

Le bruit se répandit bientôt dans la campagne qu'on avait brûlé le Calvaire d'Arras dans la soirée du 11 février. *Ah! c'est donc pour cela*, dit-on partout, *que le ciel a été si terrible.* Le temps n'a pas encore effacé le souvenir de cet orage que le peuple a toujours regardé comme un effet de la colère de Dieu, et que, dans son langage vulgaire, il appelle *l'orage du Calvaire d'Arras*. Le lendemain, plusieurs habitants de la ville visitèrent le théâtre du sacrilége, mais ils n'y trouvèrent plus que des fragments la plupart carbonisés. Quelques-uns cependant furent assez heureux pour y recueillir les doigts de pied du Christ, qu'ils conservèrent avec soin.

Au rétablissement du culte, en 1802, le clergé remit en honneur, dans la ville d'Arras, la dévotion à la croix, et fit ériger dans la cathédrale provisoire, l'ancienne paroisse de Saint-Nicolas-sur-les-Fossés, aujourd'hui Saint-Jean-Baptiste, un Calvaire qui devint le but d'un pèlerinage, et fut bientôt couvert d'une grande quantité de cœurs et de balles d'argent, témoignages sensibles de la reconnaissance et de la dévotion des fidèles. On dit même qu'une guérison miraculeuse s'y est opérée. Des personnes graves n'éprouvent aucun doute à cet égard.

A l'ouverture de l'église de Saint-Vaast, nouvelle cathédrale (6 juin 1833), le Calvaire y fut transporté de nuit, à cause des circonstances, par quelques ouvriers menuisiers, et le 18 mars 1837, jour de l'inauguration de la chapelle de la Croix, Mgr de La Tour-d'Auvergne prononça un discours dans lequel il déclara, en présence d'un public nombreux, qu'il avait déposé dans le piédestal de la Croix un morceau de bois, reste du tronc de l'ancien Calvaire, extrait en 1802 de l'endroit même où était plantée cette Croix miraculeuse, dans la chapelle de la Basse-Ville.

Au mois de juin 1843, on retrouva chez un particulier de la ville, une tête de christ que plusieurs personnes ont reconnue pour être celle du Christ miraculeux. Une commission nommée pour en constater l'identité, apprit qu'un des anciens acteurs de la destruction du Calvaire d'Arras, au moment où, effrayés d'un épouvantable coup de tonnerre, les terroristes avaient pris la fuite, lui, dans un esprit de foi, avait ramassé la tête du Christ et l'avait jetée dans une arrière-cave de la crypte de Saint-André. Quelques jours après, il vint la reprendre et la plaça chez lui, rue du Croissant, dans une espèce de niche pratiquée dans l'intérieur d'un mur de sa cour, où chaque vendredi, il allumait une bougie par dévotion. Ce même individu montrait aussi un grand orteil du pied qu'il avait précieusement conservé. Les membres de la commission, sans pouvoir affirmer d'une manière positive que cette tête fut bien celle du Christ miraculeux, n'ont pas hésité à dire qu'il y avait en sa faveur une présomption qui n'était pas sans valeur. Elle est exposée à la Cathédrale, sur un piédestal de marbre, où elle reçoit les hommages des fidèles qui viennent prier au pied du Calvaire. Elle est ornée de cœurs d'argent et autres *ex voto* qui lui sont offerts par les pèlerins.

Depuis que le Calvaire est placé à Saint-Vaast, le zèle de pèlerins ne se ralentit pas. Chaque année, surtout aux fêtes de la Pentecôte, ils arrivent par groupes nombreux des environs de Béthune et particulièrement du pays de Lalleu, où la foi s'est conservée plus vive. Fatigués d'une marche de dix lieues au moins, faite à jeûn, ils attendent, assis sur les marches de l'église, l'ouverture des portes de la cathédrale pour faire leurs dévotions. Il en est qui tombent faibles sur le marbre avant d'avoir fini leurs prières. Ils s'estiment trop heureux d'avoir quelque chose à souffrir pour leur divin Maître, qui a tant souffert pour nous. D'autres demeurent les bras étendus et les yeux levés vers le crucifix.

Il est encore une époque où le Calvaire d'Arras reçoit beaucoup d'hommages et voit arriver de nombreux pèlerins : c'est celle de la conscription. C'est alors que les jeunes gens viennent se prosterner au pied de la Croix pour demander un sort favorable.

Des guérisons s'y opèrent encore de temps en temps, comme l'atteste cette multitude innombrable d'*ex voto* attachés à l'arbre de la Croix. On lisait il y a près de vingt ans, dans un journal de la province, le récit suivant :

« Depuis environ neuf ans, une religieuse de Sainte-Agnès, sœur Augustine, se trouvait dans un état alarmant; elle éprouvait des douleurs aiguës de poitrine et était réduite à un tel état de faiblesse qu'elle ne pouvait plus marcher qu'à l'aide d'un bras et d'un bâton ; depuis trois ans aussi elle avait entièrement perdu l'usage de la parole et ne pouvait plus transmettre ses idées que par le moyen d'une ardoise. Tous les remèdes avaient été inutiles ; deux médecins qui la soignaient l'avaient abandonnée.

» Il y a un mois, elle forma le projet de recourir aux bontés divines pour obtenir une guérison que l'art humain lui refusait; et enfin le mardi 24 septembre dernier, elle se mit en route pour faire un pèlerinage au Calvaire de la cathédrale, soutenue par le bras d'une sœur et aidée d'un bâton : il ne lui fallut pas moins d'une demi-heure d'une marche lente et pénible pour le court trajet qu'elle avait à faire. Arrivée à la cathédrale, elle y communia suivant son vœu, et elle se releva de la sainte table avec beaucoup moins de peine, elle resentit même un bien-être qui lui fit verser des larmes de reconnaissance. Le mieux augmenta et sa prière au Calvaire étant finie, toute douleur disparut; elle recouvra à l'instant la parole et retourna à sa communauté sans aucun aide.

» Depuis cet instant, cette bonne sœur a repris tous

les exercices de la maison, auxquels elle avait dû renoncer depuis plusieurs années; l'enflure de ses pieds a disparu, et le rétablissement de sa santé paraît devoir être complet et solide. »

Cette religieuse continue de se bien porter et remplit toutes les fonctions de sa charge.

Copie *d'un Certificat enregistré par ordre de Mgr. l'Evêque d'Arras (M. de Baglion), au greffe de son officialité, pour conserver la mémoire d'un miracle opéré au Calvaire d'Arras.*

Je soussigné Chirurgien-Major des hopitaux du Roi à Douai certifie avoir pansé et guéri il y a quarante ans, le nommé Jean Charpentier, pour lors soldat de Milice, d'un coup de faulx à la partie inférieure moyenne de la cuisse gauche, s'étendant de la partie interne, jusqu'à la partie externe, coupant dans son trajet tous les muscles extenseurs de la jambe transversalement, la plaie pénétrant jusqu'à l'os. L'ayant pansé pendant trois mois ou environ, la plaie étant guérie, je le fis lever pour marcher; les muscles fléchisseurs de la jambe portèrent sa jambe en arrière et lui firent faire la flexion de manière qu'elle est restée dans cette situation malgré tous les remèdes que j'employai pour la lui faire allonger; deux années s'étant écoulées, voyant l'état de ce pauvre homme qui se trouvait fatigué de deux béquilles, je lui fis donner une jambe de bois par les Magistrats pour le soulager, et depuis onze ans qu'il s'en est toujours servi, aidé d'une béquille pour aller demander l'aumône, l'article du genou s'étant enchilosé par succession de temps, la jambe toute desséchée et sans nourriture était collée contre la cuisse, et la cicatrice touchait à l'os fémur. Ce pauvre homme a été depuis ce temps dans l'état de mendiant à la porte des églises de Douai et dans les rues, depuis l'année dernière qu'il fut à Arras adorer Jésus-Christ au pied du Crucifix que le P. Du Plessis a planté sur le rempart de cette ville. Je l'ai vu depuis ce temps marchant bien et travail-

-lant comme s'il n'avait jamais eu d'accident, ayant porté en ma présence et chez moi depuis environ trois semaines un sac de blé pesant 150 livres, étant obligé de monter avec ce fardeau plus de 50 marches ; j'ai depuis examiné la cicatrice de sa plaie, qui devant était collée à l'os, comme je l'ai dit ci-dessus : elle se trouve à présent remplie et de niveau aux autres téguments, ne sentant seulement pas de faiblesse dans cette partie qui pendant plus de quatorze ans était engourdie, et même en quelque façon insensible. Comme cette guérison n'est pas naturelle ni même possible par le secours des hommes et cependant réelle et effective, j'ai donné le présent Certificat à Douai, ce 29 Avril 1740.

Signé : J. MAJAULT.

Concordé à son original, exhibé, et à l'instant rendu par les Notaires royaux d'Artois soussignés, à Arras, ce 29 Juillet 1740.

PRUVOST, GAMBET.

Nous Prevôst, Lieutenant et Eschevin de la Cité d'Arras, certifions à tous qu'il appartiendra, que MM. Gambet et Pruvôst, qui ont signé l'acte de collation ci-dessus, sont Notaires Royaux de cette province d'Artois, de la résidence d'Arras, et qu'aux actes de collations et autres par eux reçus et signés en leur qualité de Notaires, foi est ajoutée en justice et partout ailleurs ; certifions de plus que le papier marqué n'est pas en usage dans cette province et que le contrôle des actes de Notaire, y est supprimé. En foi de tout quoi nous avons à ces présentes signées de notre Greffier, fait apposer le contre-scel de cette Cité en la chambre du Conseil de l'hôtel Eschevinal d'icelle, le 30 Juillet 1740.

LANSIARRE. Par ordre.

www.ingramcontent.com/pod-product-compliance
Lightning Source LLC
Chambersburg PA
CBHW060900050426
42453CB00011B/2047